# This Coloring And Activity Book Belongs To:

# COLOR TESTING PAGE

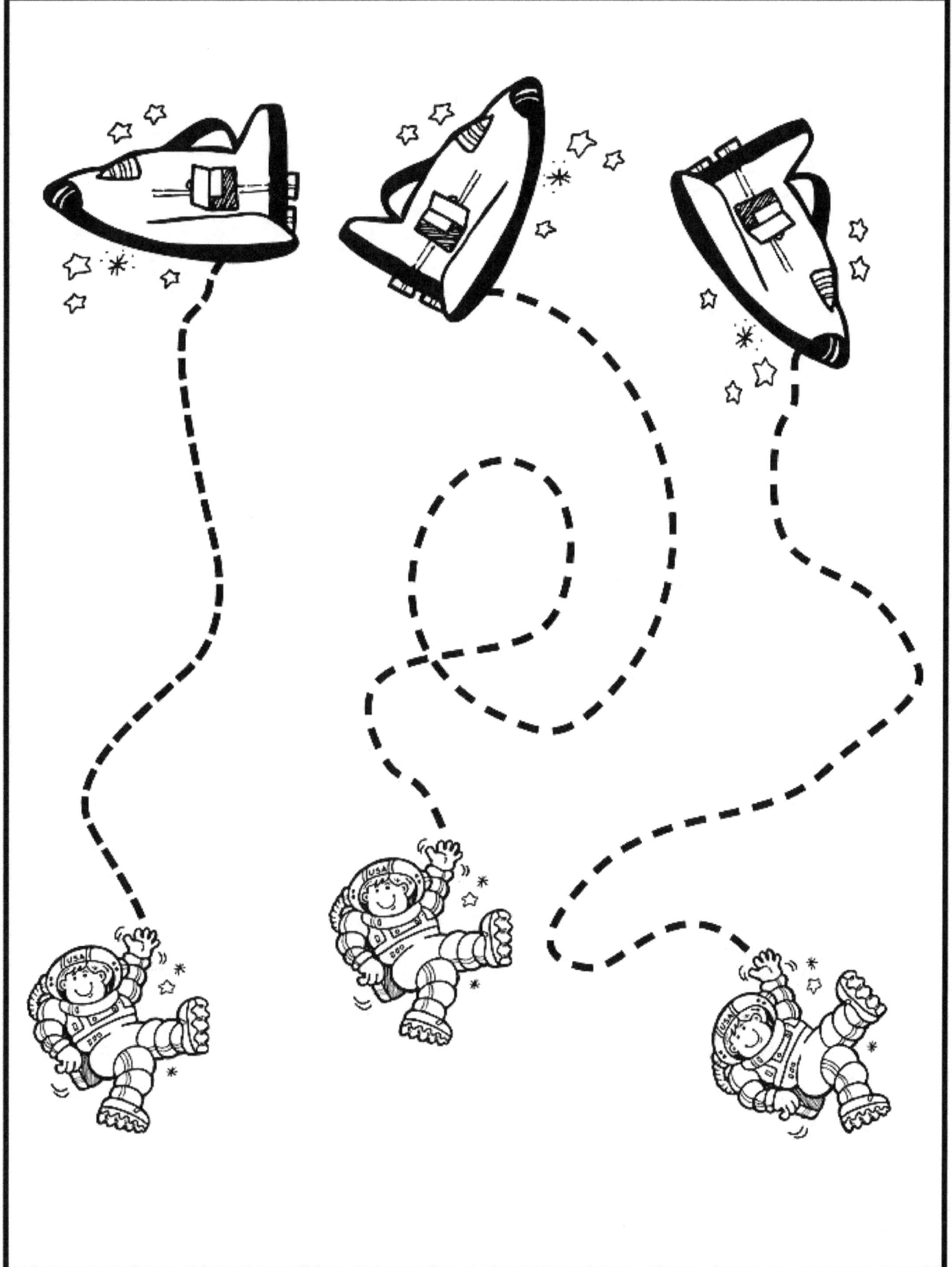

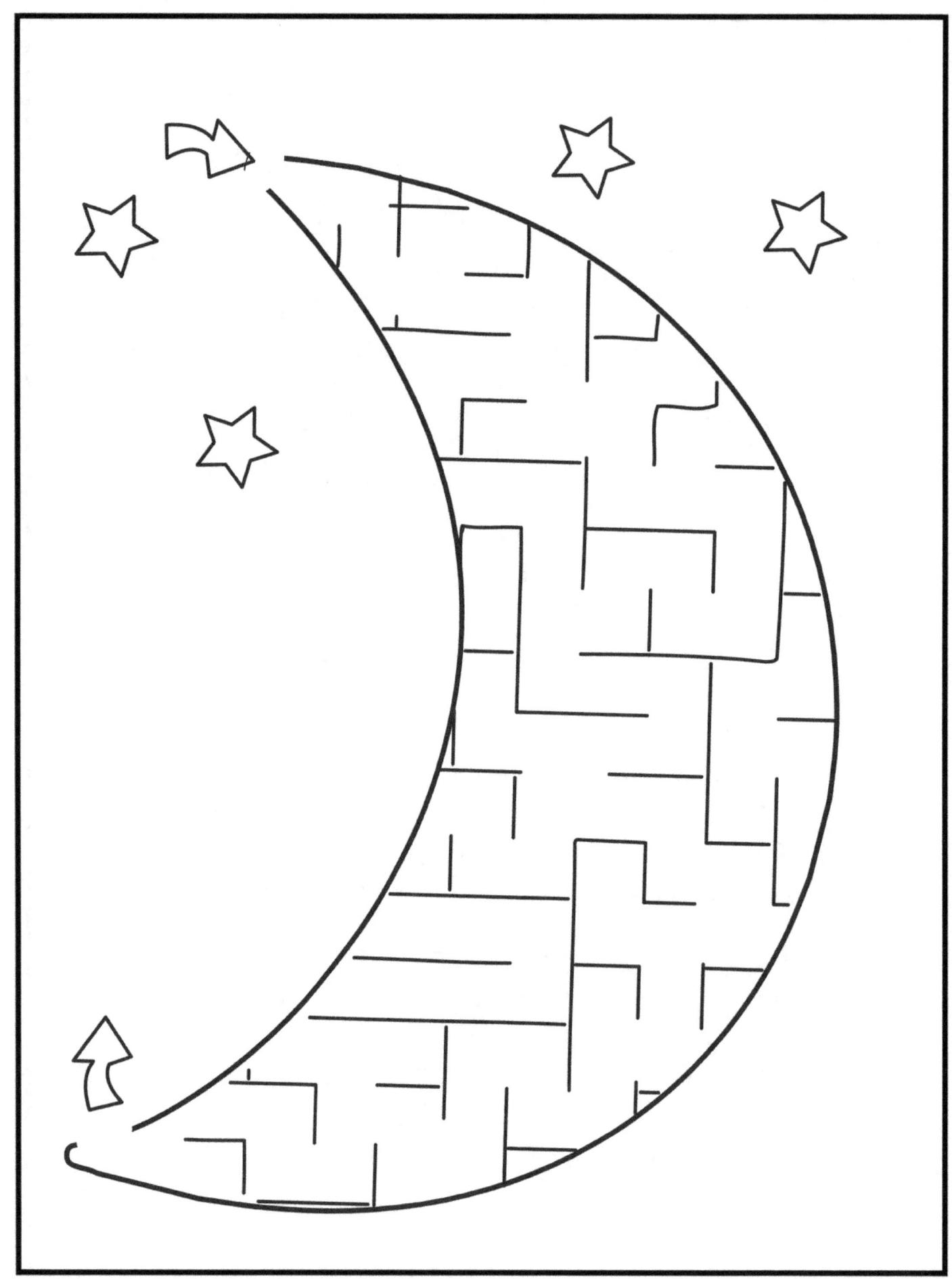

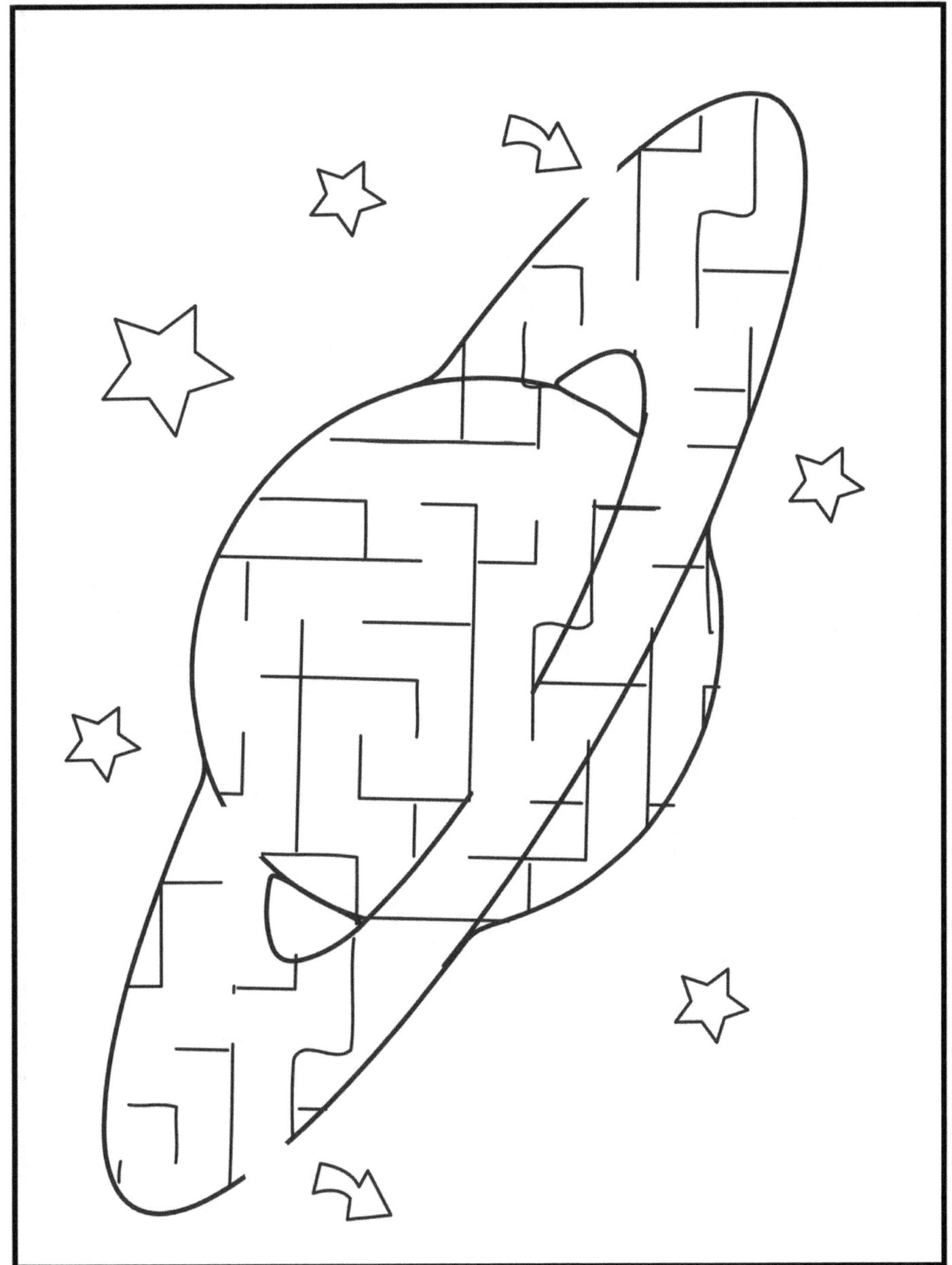

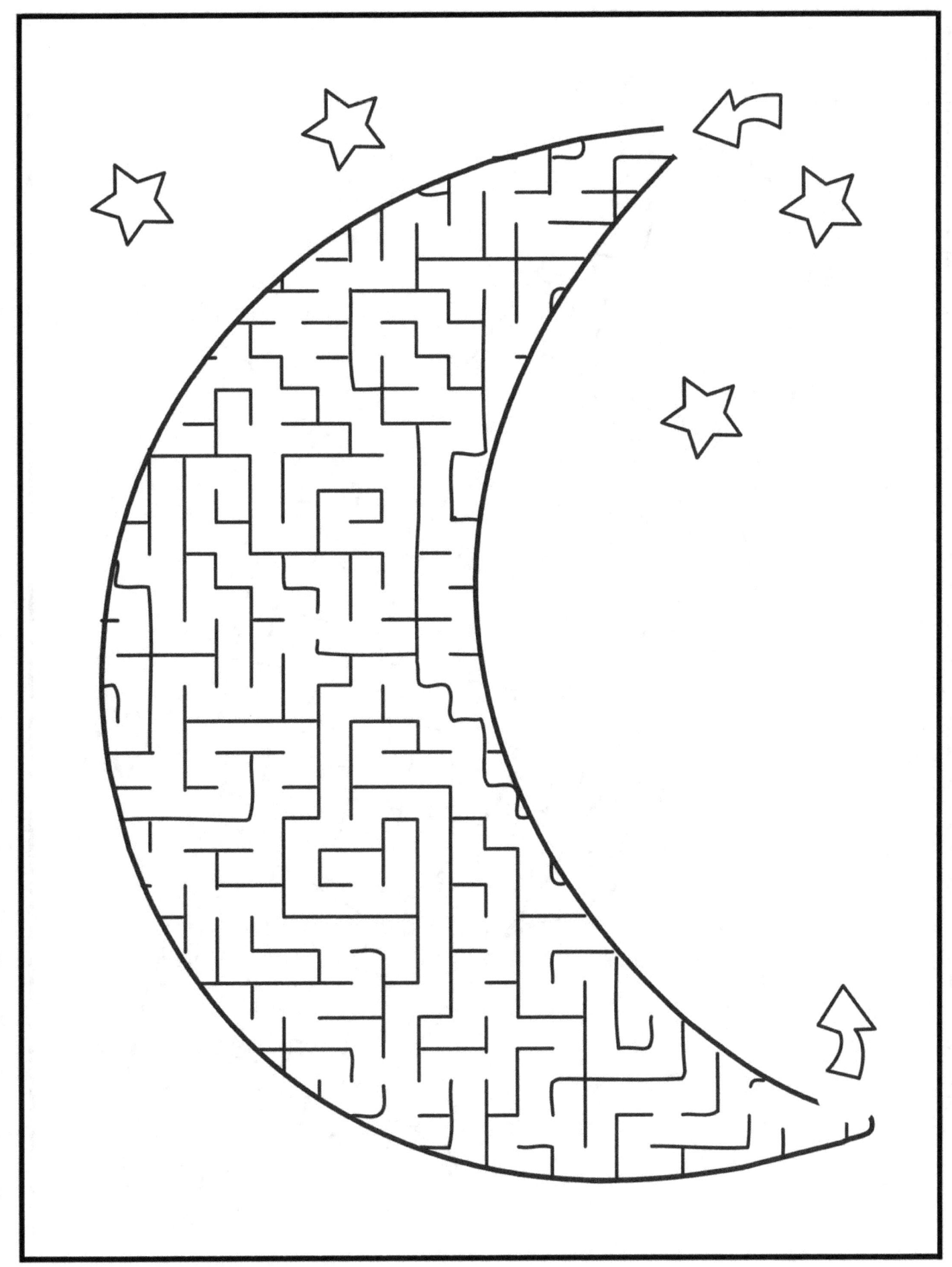

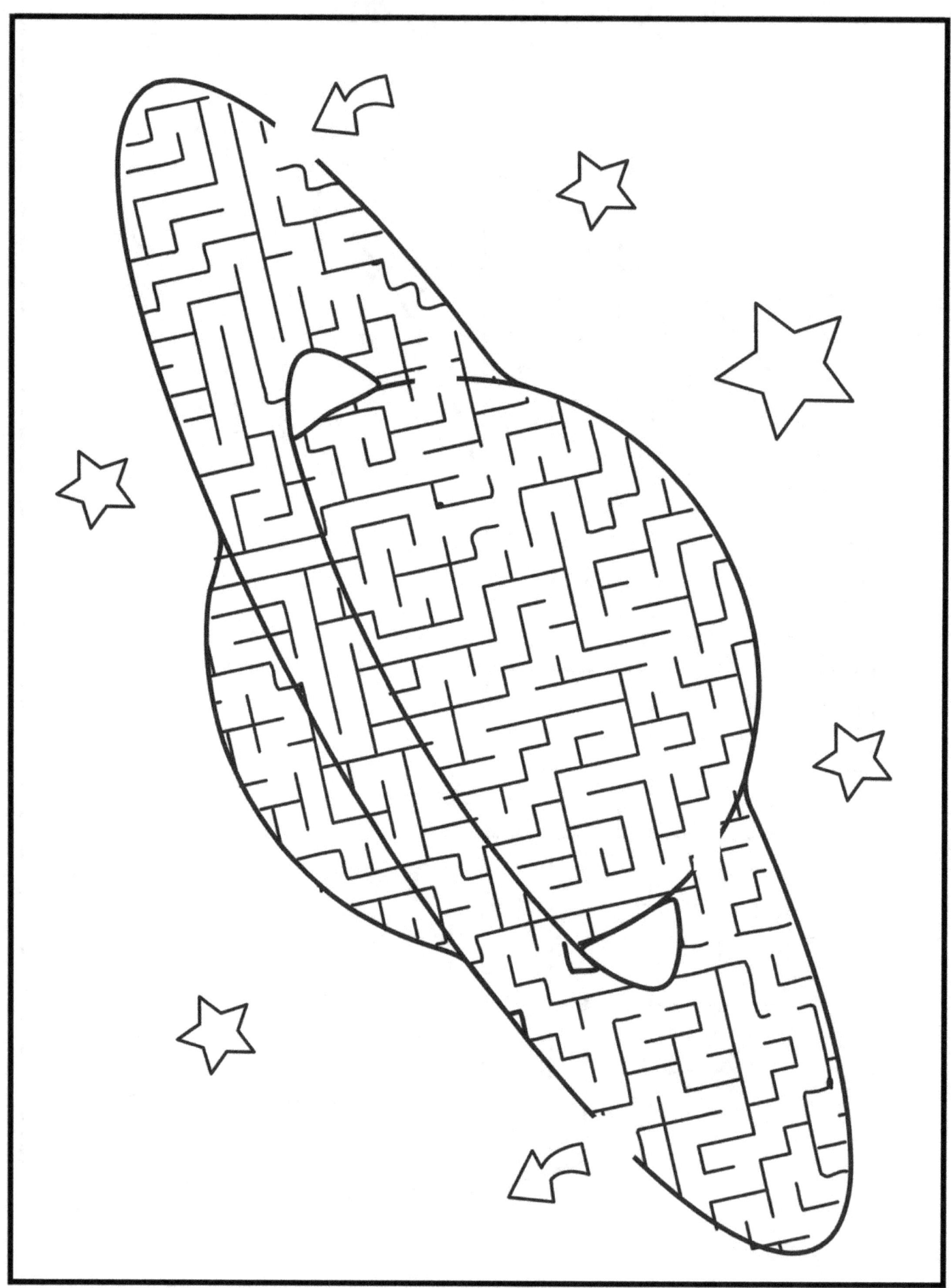

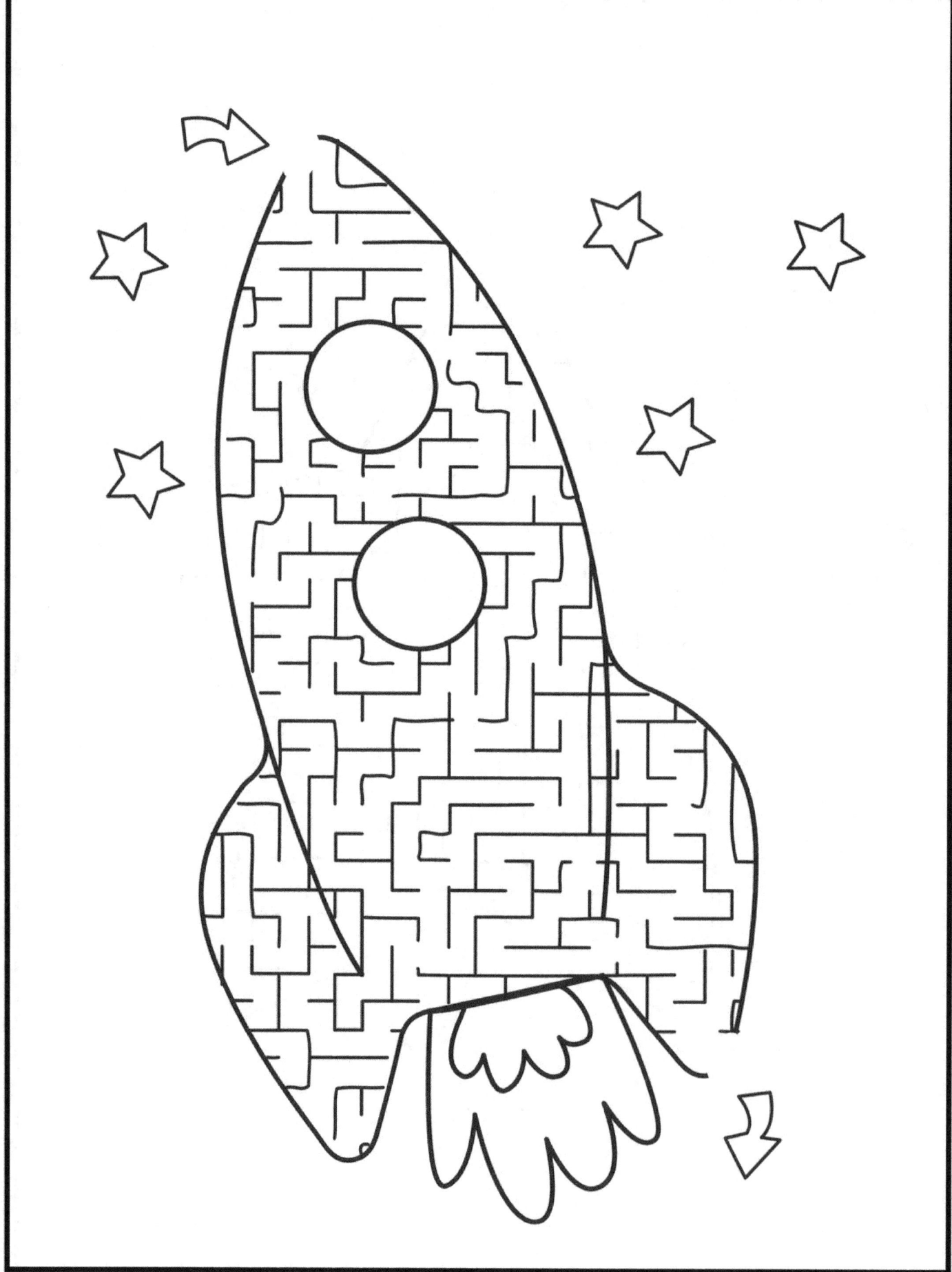

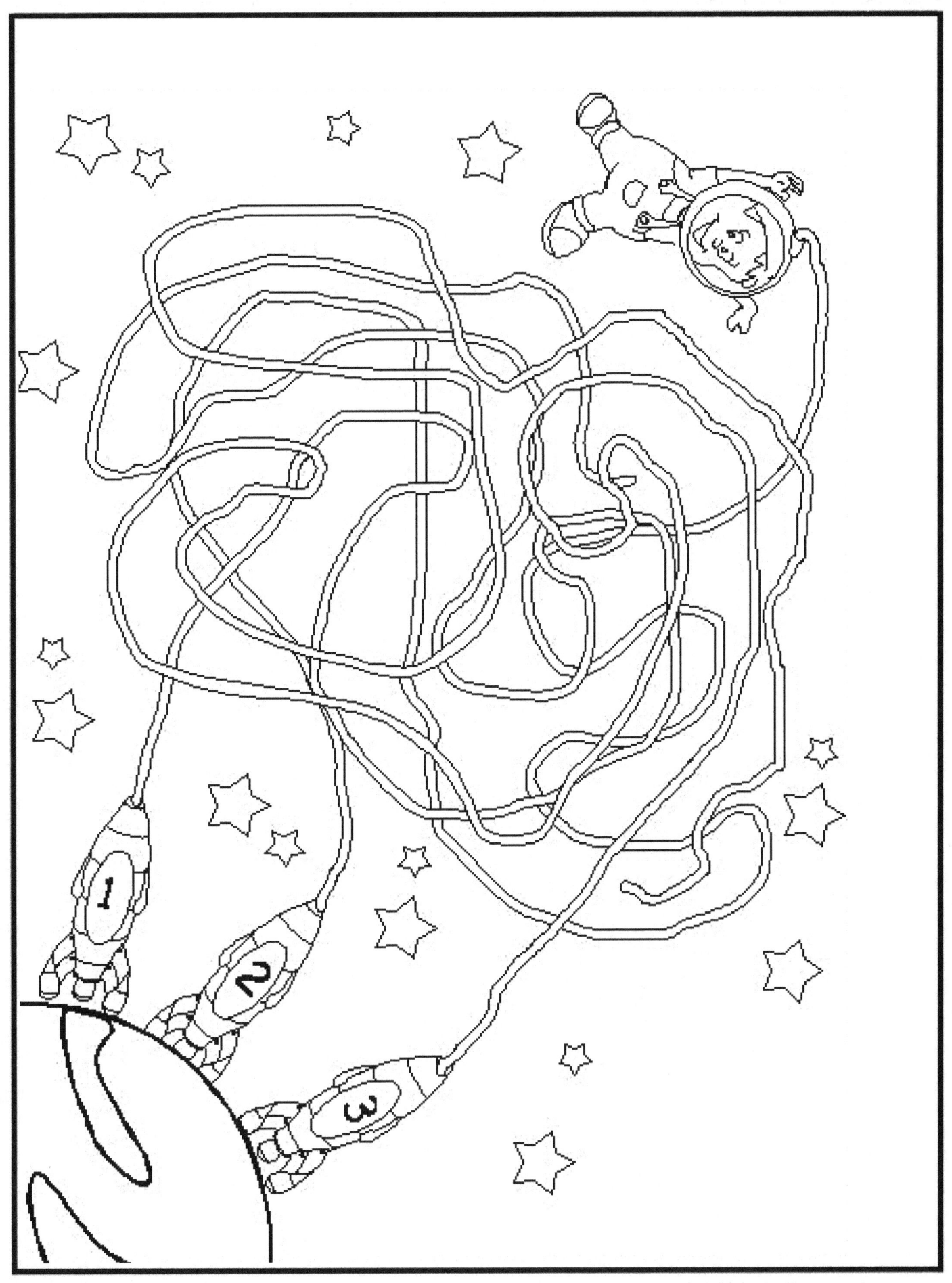

# COUNTING PRACTICE!

**FIRST GRADE**  **NUMBERS 1 TO 10**

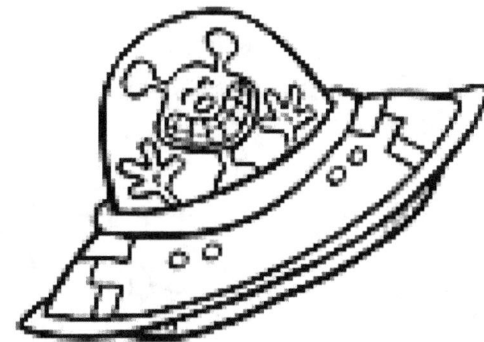

Grinalot the space alien is studying alien animals. Draw as many teeth in the mouth of each alien animal to match the number on its back.

# COUNTING UP TO 20!

**FIRST GRADE**

Joe the space ranger is friends with a bunch of little aliens. Can you count all the aliens in the box below?

1. How many aliens have stars on their shirts?

2. How many aliens have planets on their shirts?

3. How many aliens are there in all?

# COUNTING PRACTICE!

**FIRST GRADE**  **NUMBERS 1 TO 10**

George the astronaut is looking at objects in the galaxy. Help him count how many of each object there are.

1. How many meteors are there?

2. How many comets are there?

3. How many stars are there?

4. How many suns are There?

5. How many objects are there all together?

# COUNTING PRACTICE!

**FIRST GRADE**

**NUMBERS 0 TO 5**

Albert the space monkey is counting objects in the galaxy. Help him by drawing a line between each number and its matching object group.

 0

 1

 2

 3

4

5

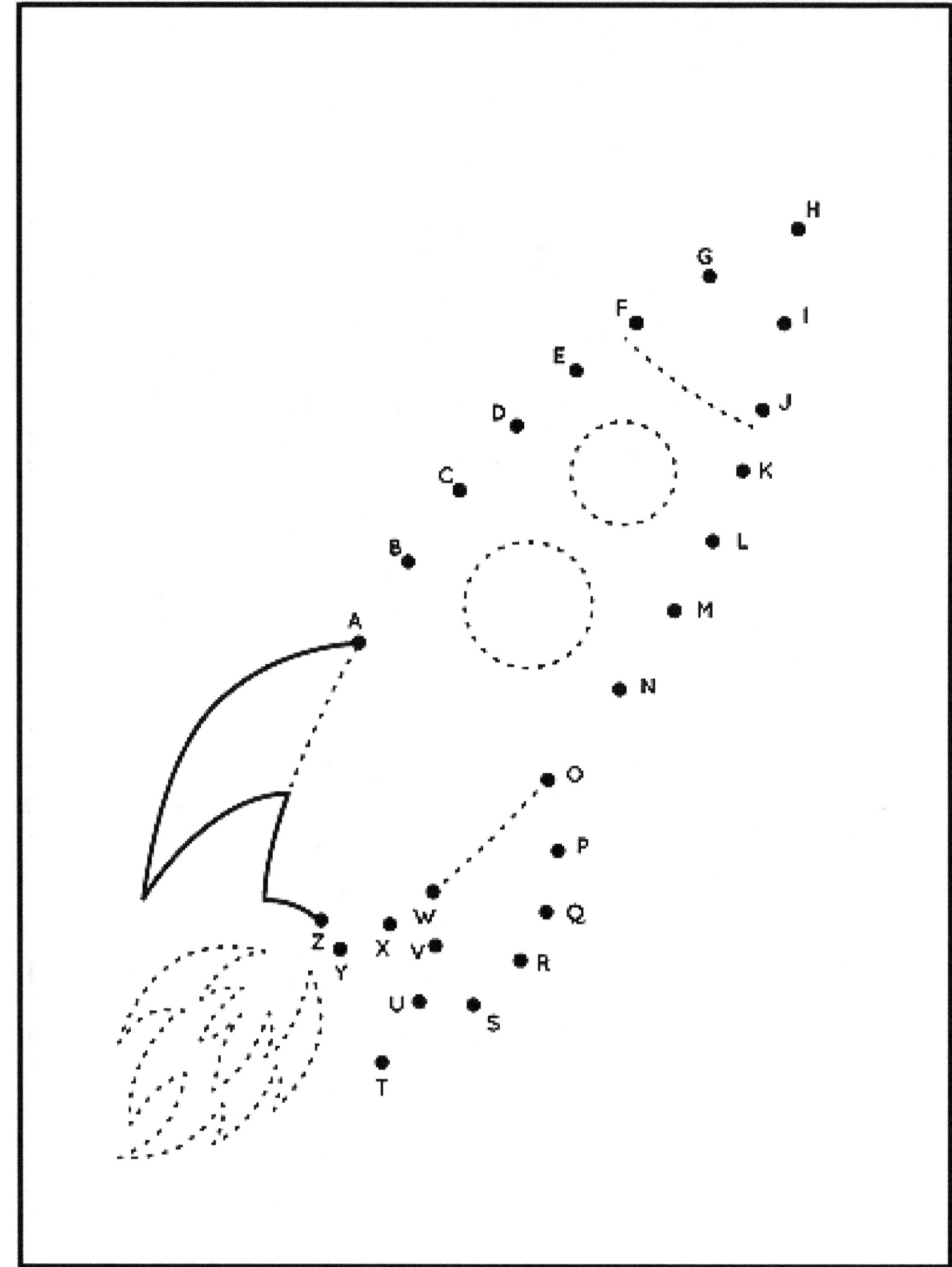

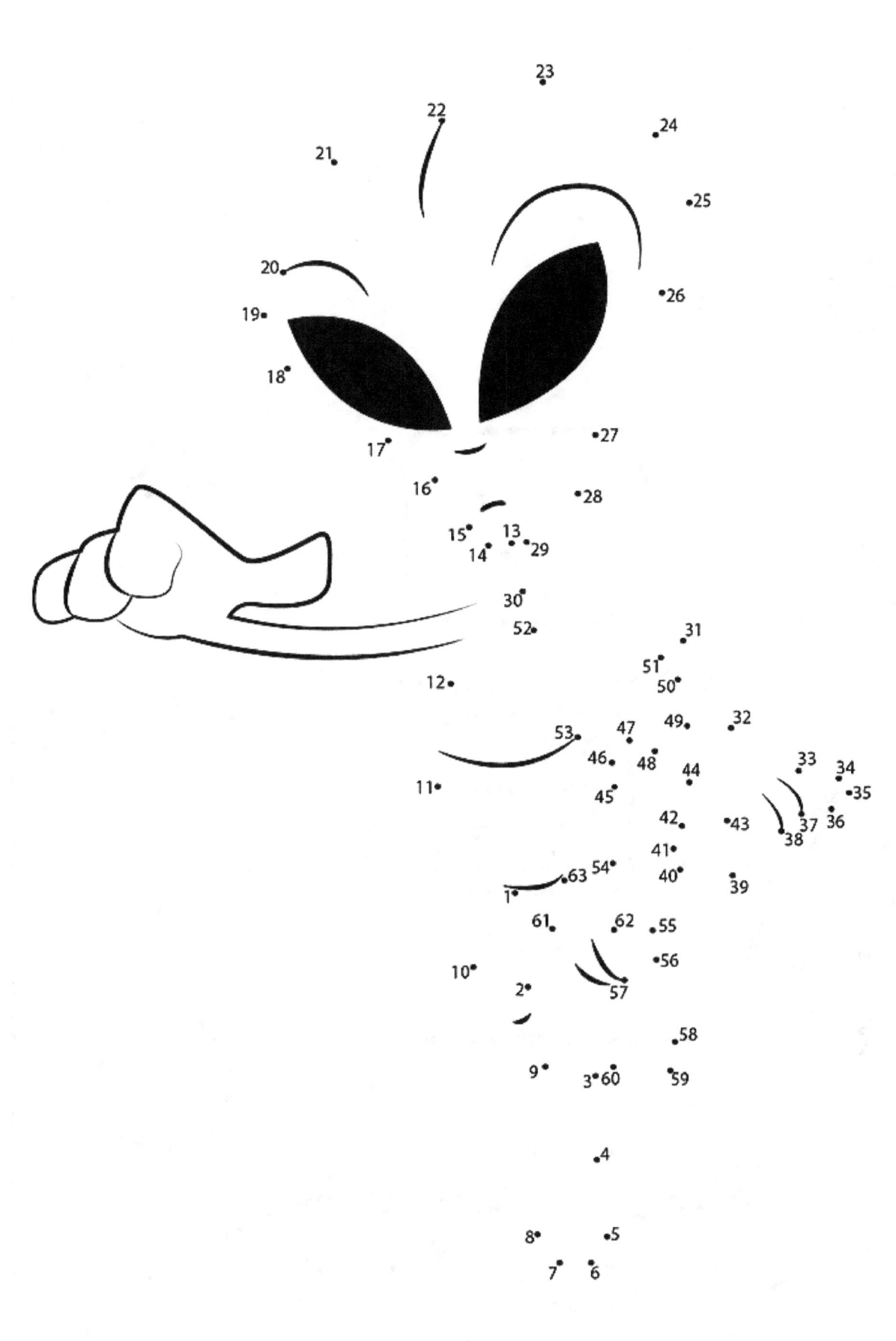

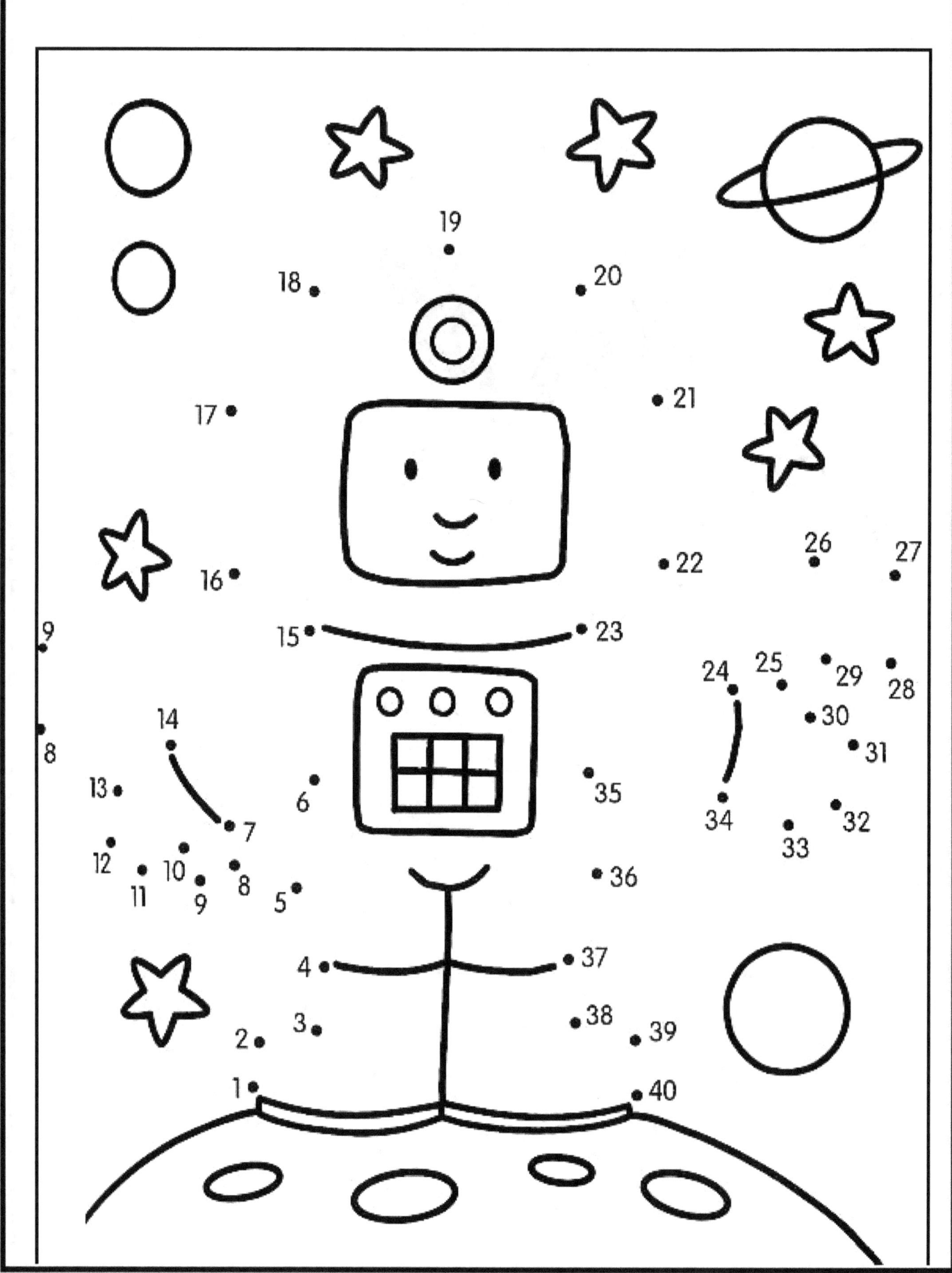

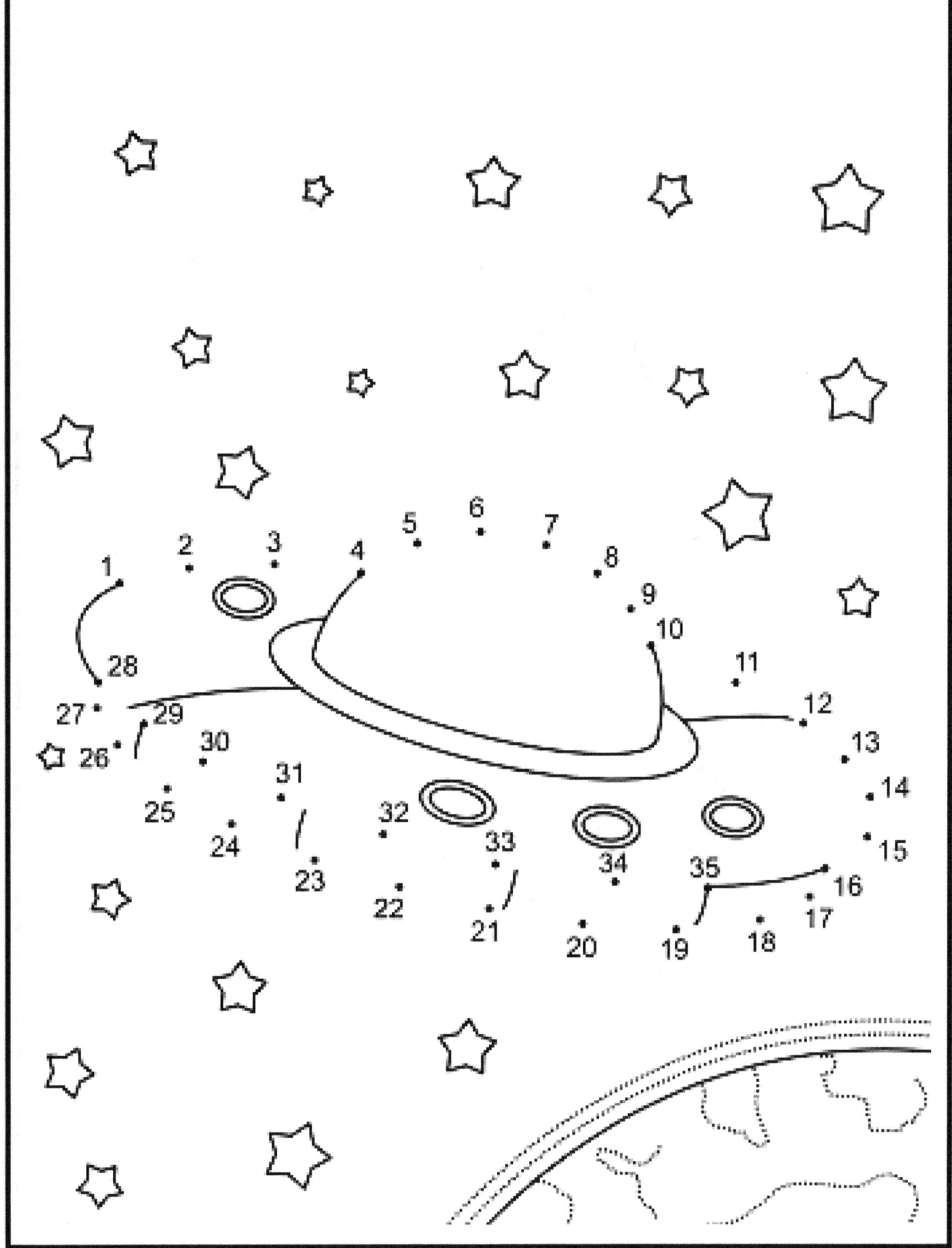

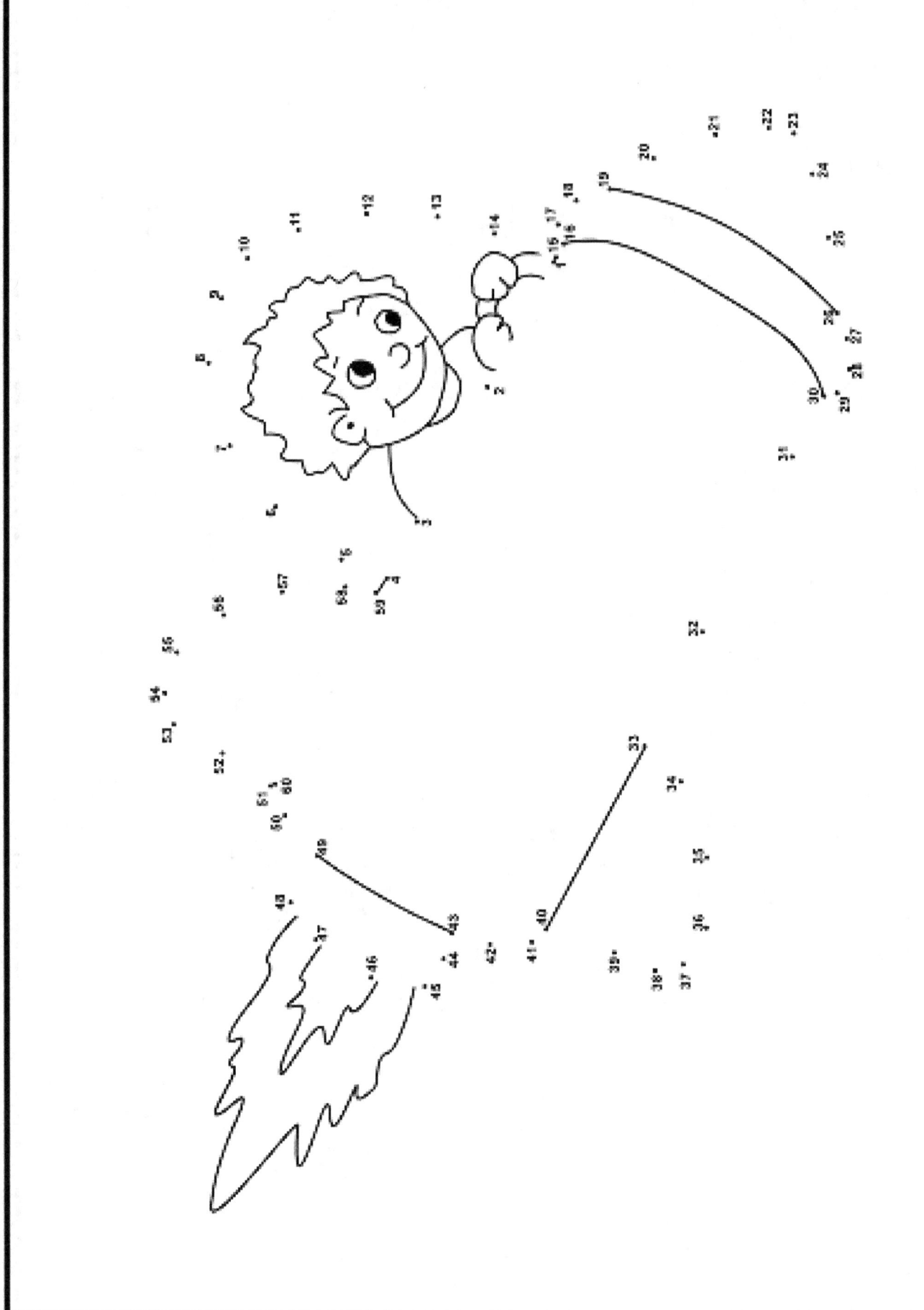

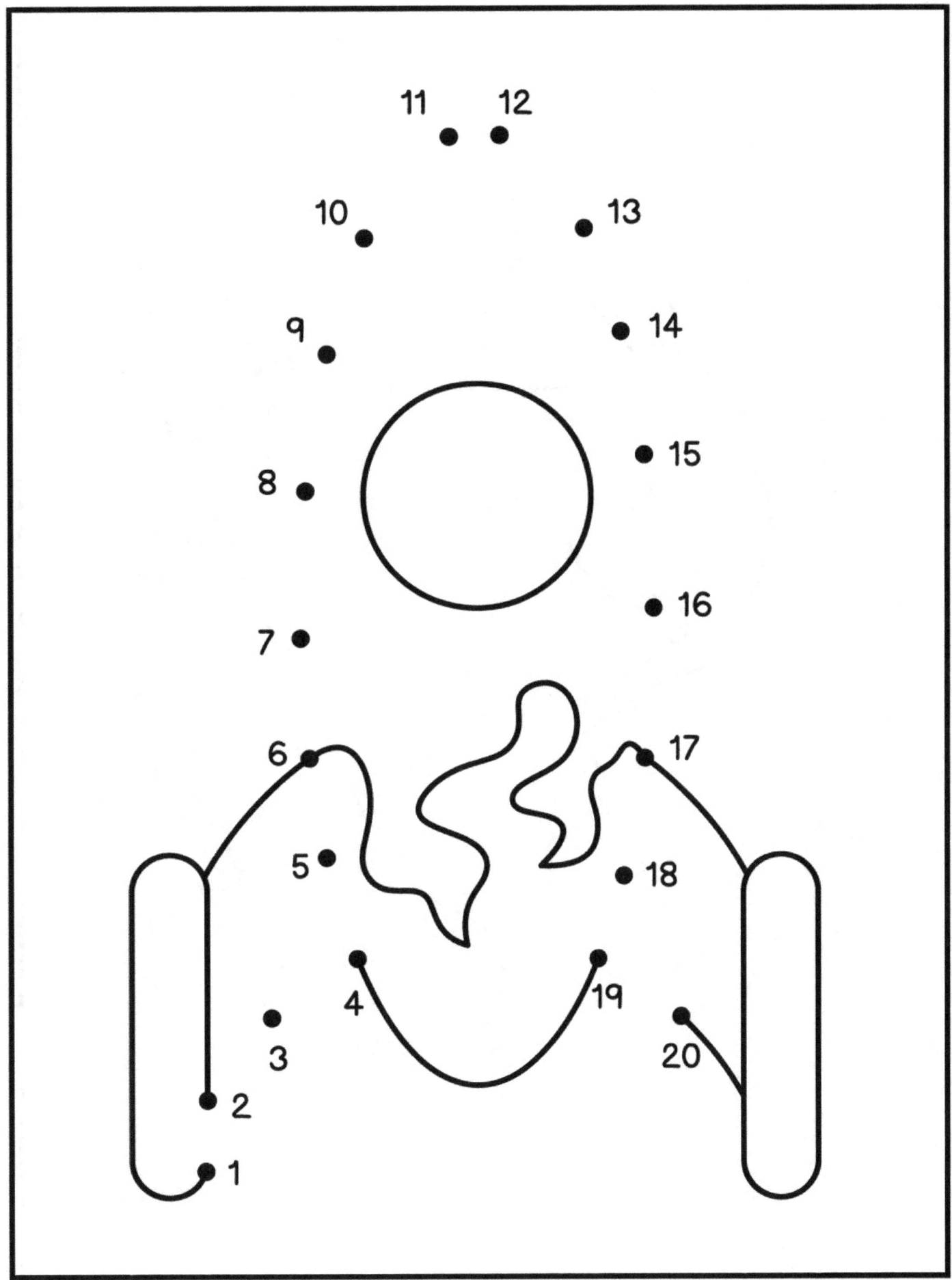

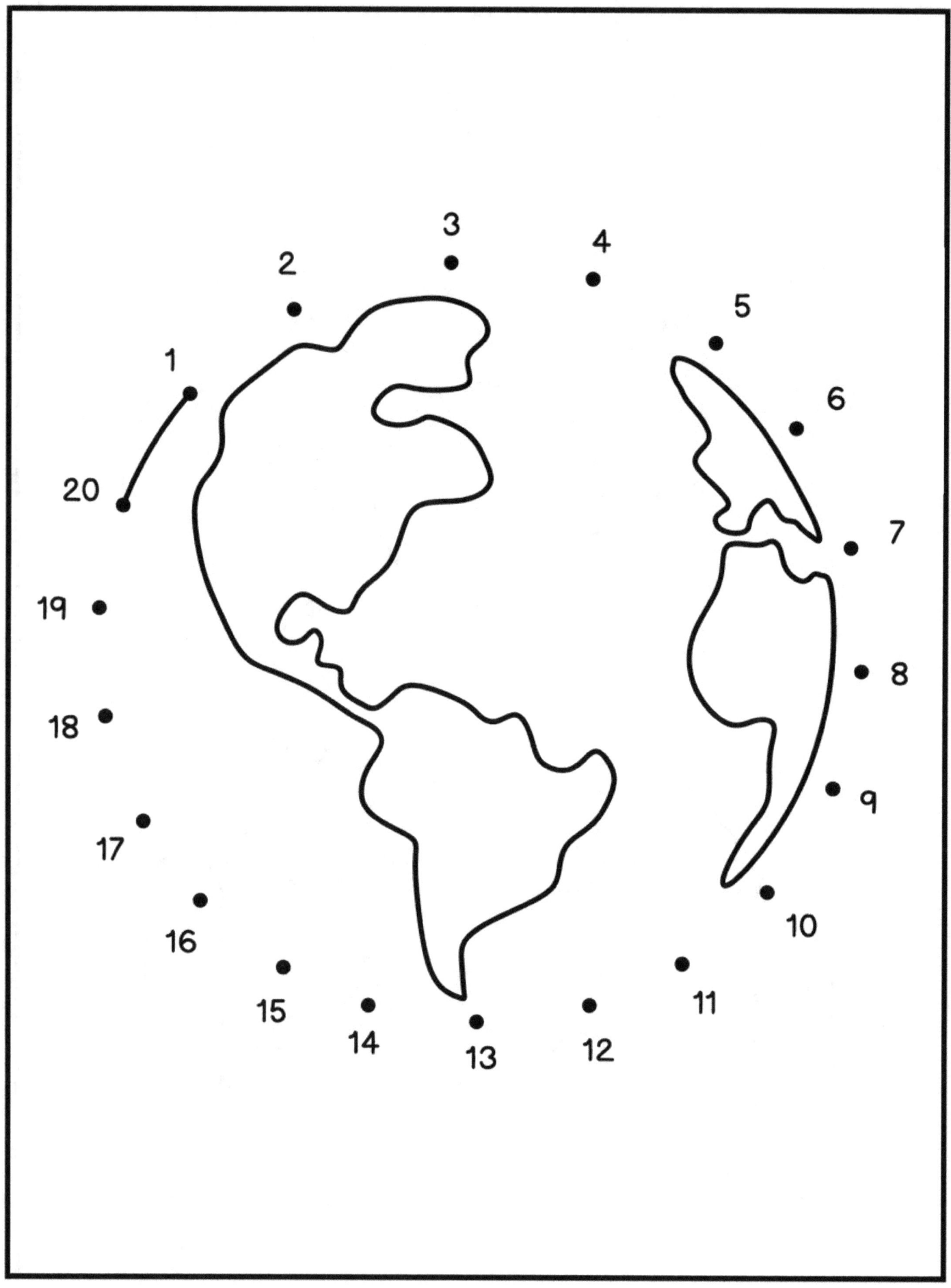

# PLANETS

```
B U J O E I G Q G J V E N U S W R A M N A O W J
H R Y S X T P R X C A U C I O F A E T B X O F E
G E D P Y S A T U R N S G A A Q F M T F T Q F B
R N Z Y O A O V N R Y M A I F G S G Q I Z G E U
O T U L P X W N C H D U U M V W I N D Y P X A A
V Y N Q U F N Y O O C K J N D Q X P H X H U Q G
L K R T V C V O K N M Y G V H Y X Y Y Q A D J Q
Q G R C S Y W C B L D E W E O T Y I X S U Q M S
T S V R C J Z G H I I X T C W J Z Y T D L X F G
N C E Y B R X E H S R M R A O S U R B V I C N Q
T A N A C Z T L J E S Y O P I N O E I Z D E H L
D T U G A L A X Y K S W D S T N E A R T H A A O
V M T S I X O Y U Z W V Z C A N G I D A Q Z Q H
P O P J V Z S R Z L G Z R U I P L D I Y R J N K
J S E S Q T I C A M X O T S O L A R S Y S T E M
O P N N A U P S G P F S Q T Z G R F N M Y T Y M
S H U R L G G Y U A D W N T D K D O M E B C H X
U E S B F F V Z N S L A S A B O K Q U P P C F
Q R M U R A N U S Q D B T U F M A R S B G D V C
J E B E W W K N I I G L A D B O V M Q J E Y V Q
N N L B E L C X Q G K G L R X W U G R O C K E T
A Q O P T Q L B Q X U V N A F A M S U G X E G K
D T P E G Y X Y E X T X Z T R R U G R N L V S F
X Z C H N V I O J K S M A S O N Z H O Z V D N V
```

astronauts   atmosphere   Space   Gas   Star Dust   Moon   Rocket   Comet
Neptune   Venus   Uranus   Galaxy   Solar System   Sun   mars   Jupiter   Stars
Earth   Milky Way   Pluto   Saturn

# PLANETS

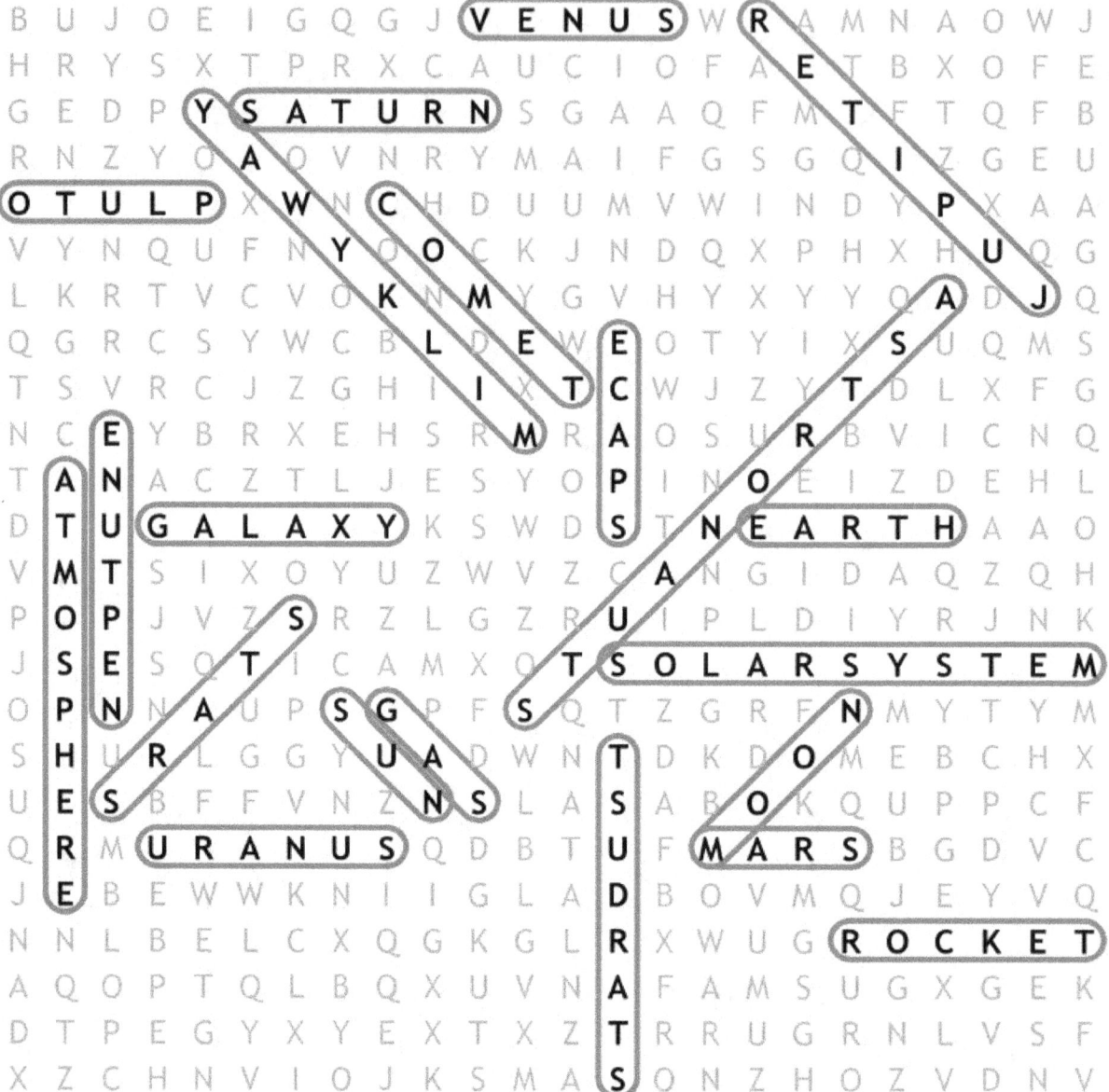

astronauts   atmosphere   Space   Gas   Star Dust   Moon   Rocket   Comet
Neptune   Venus   Uranus   Galaxy   Solar System   Sun   mars   Jupiter   Stars
Earth   Milky Way   Pluto   Saturn

# SPACE

```
C C V C O N S T E L L A T I O N S
L N S U Y E M E D F D Z D M W S K
S Q U G W A W K Y X M L D H T Y U
O T N W G R V V E N U S V M H C R
L J U P I T E R F Z I N J G Q B A
A F G S F H F V P N P Q O T Q Q N
R A R A U M W Q F T G A L A X Y U
S B A T C E F S R S Y X M D M M S
Y X V U E R L U Q P L U T O O E V
S A I R Y C C N K N B P P J O B J
T F T N N U B K E O R B I T N V T
E I Y K I R K O U W S T A R S Q D
M P E N W Y G N E P T U N E N K R
C Y Y K S P A C E O K A P S R K Q
D W A R F P L A N E T I L C O W F
L P F X M A R S J V P L A N E T S
F F M Q C T A S T R O N A U T P P
```

EARTH  GALAXY  GRAVITY  JUPITER  MARS
MERCURY  MOON  NEPTUNE  ORBIT  PLANETS  PLUTO
SATURN  SOLAR SYSTEM  SPACE  STARS  SUN
URANUS  VENUS

# SPACE

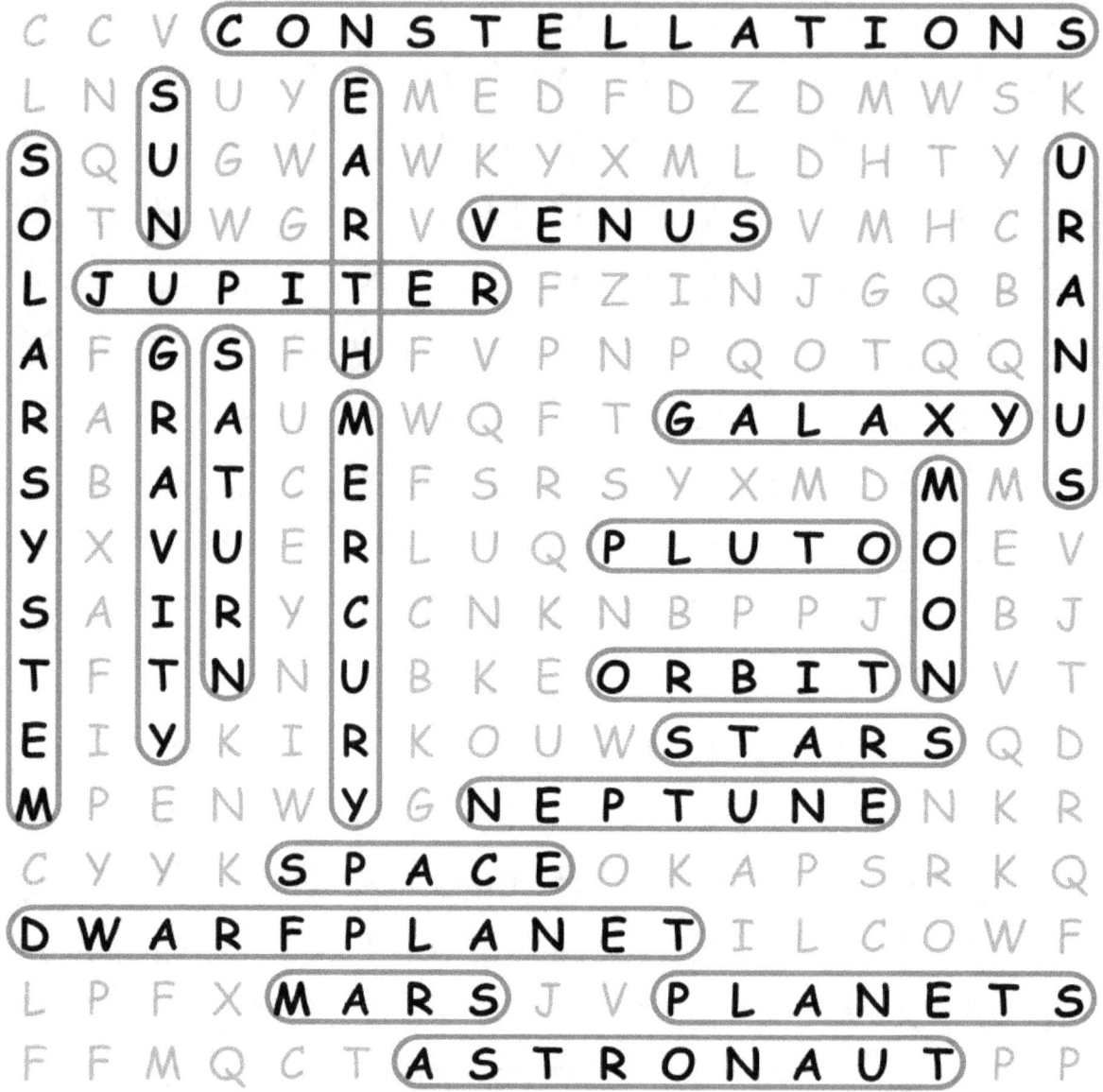

ASTRONAUT   CONSTELLATIONS   DWARF PLANET
EARTH   GALAXY   GRAVITY   JUPITER   MARS
MERCURY   MOON   NEPTUNE   ORBIT   PLANETS   PLUTO
SATURN   SOLAR SYSTEM   SPACE   STARS   SUN
URANUS   VENUS

# THE SOLAR SYSTEM

```
B S M M O A S E C B Y Y S K B Z N S Y I O H M Y
C W L I T K B O T L E K Z E U Y I E J G K N F O
Q B M Z Q H U D E G C L P R O O V L J N B E G I
H B E U C L M T B S B H O E W N T P Q I R S Z A
A J Q S A H I E J F K Z G H O S V E M X R H W S
G U N L P L E J R Q E A F P K V U K X A K D N I
O E N P L I Z X Q C N R Z H O C W F M W M J B L
Q J Y E T R L L G F U O H S V A A X M O O C Q A
Y A T T P A C C M F T R B O V Z N L O A Y P R E
O A Y Y I G C R E B P F Y M Z K I N B S G B E R
S O F C I S E F K J E W U T W X N E T T R S M O
E T L N O T O K N A N K G S I T G J U E A E O B
A F E M I A F N Q A E S U A L Z T M N R V M N A
R Q N P F N K Z I V W I T S V Q E E I O I M O R
T H U N R U T A S M Y W A Y A Z N T V I T T R O
H J U V A L L X E E U E W A L G Q S E D Y N T R
U C O M E T E P O Q M L O H J A U Y R L C I S U
A K A U J O R B I T I N G K M L C S S D G A A A
P R K S K T K L V M O G J K R A Y R E W D P X P
U R A N U S W T A Z E U D C E X H A U L U N A R
K E Z V J X O U B T Z B P K J Y F L Q X I M N J
Z D C H Z O D I A C X R L N W M D O Y N G M R F
Q B Y P X O B H R L C I U O M L M S H F W V F H
G O P Q M V E W P A O S G V I E V E N U S G U E
```

asteroid   astmoshphere   astronomer   aurora borealis   black hole   comet
earth   eclipse   galaxy   gravity   jupiter   luminosity   lunar   mars   mercury
moon   neptune   orbiting   satellite   saturn   solar system   universe   uranus
venus   waning   waxing   zodiac

# THE SOLAR SYSTEM

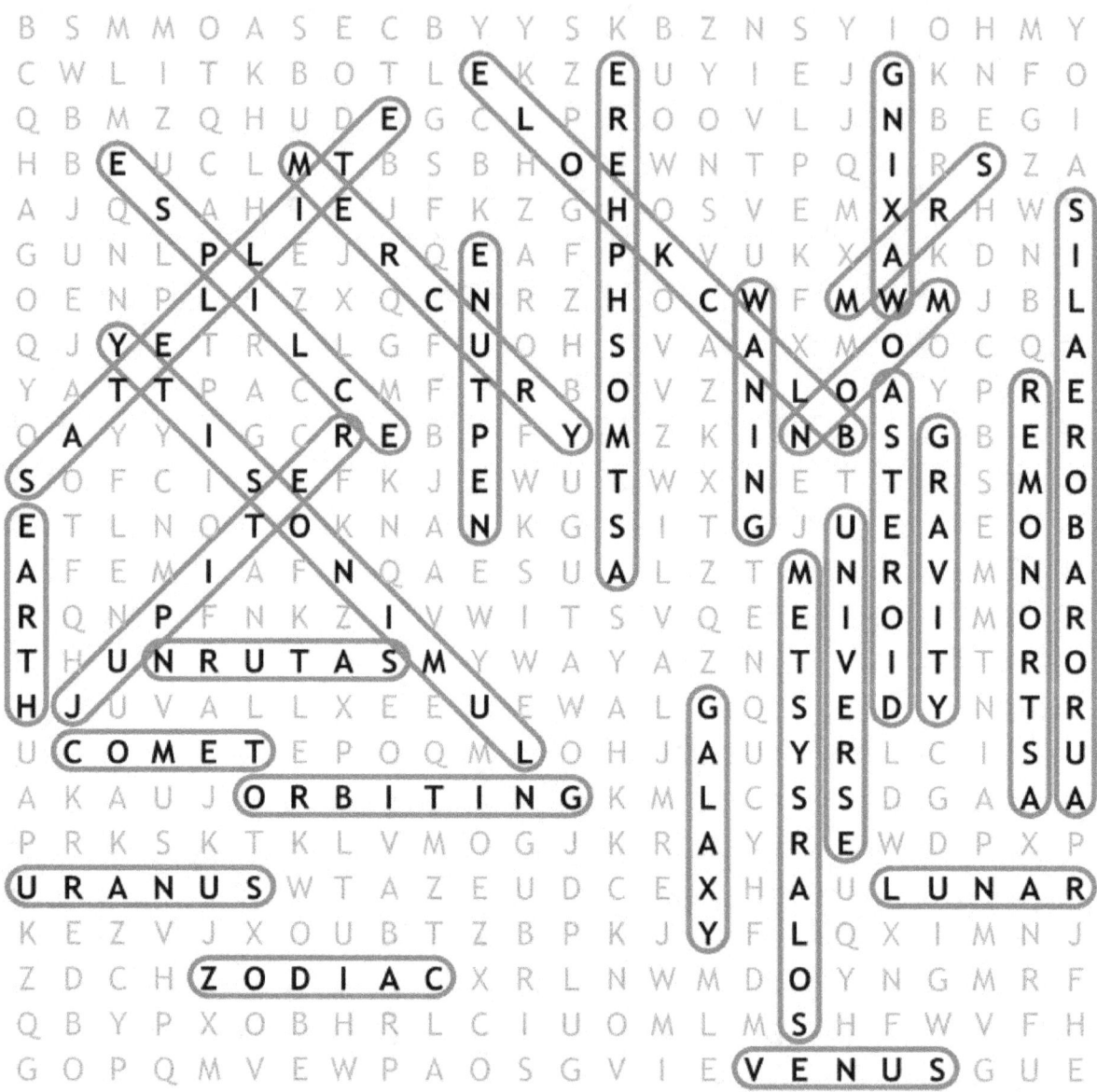

asteroid  astmoshphere  astronomer  aurora borealis  black hole  comet
earth  eclipse  galaxy  gravity  jupiter  luminosity  lunar  mars  mercury
moon  neptune  orbiting  satellite  saturn  solar system  universe  uranus
venus  waning  waxing  zodiac

# Thank you for choosing this book.

I hope your child has enjoyed completing the activities in this book as much as I enjoyed creating it.

Your feedback is very important to me.

If you have encountered any issue with your book, such as printing errors, faulty binding, paper bleeding or any other issue, please do not hesitate to contact me at:

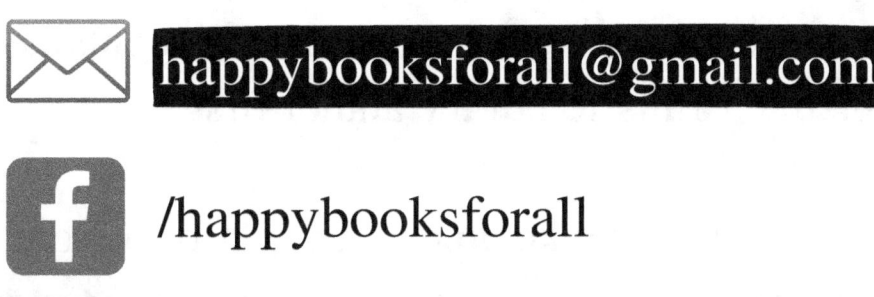

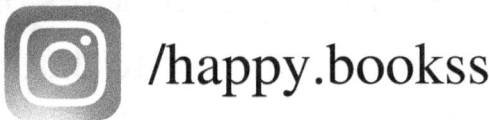

If you enjoyed this book, please consider leaving a review on the website. It takes a few minutes, but it would be so much appreciated. Reviews are a brilliant thing for small businesses like us - they are the best way to let other potential customers know about the book and your opinion about it. We encourage you to feel free to add photos of the interior and cover of this book in your review.

*Thank you again for choosing this book.*

© **Copyright 2021 - All rights reserved.**

You may not reproduce, duplicate or send the contents of this book without direct written permission from the author. You cannot hereby despite any circumstance blame the publisher or hold him or her to legal responsibility for any reparation, compensations, or monetary forfeiture owing to the information included herein, either in a direct or an indirect way.

Legal Notice: This book has copyright protection. You can use the book for personal purpose. You should not sell, use, alter, distribute, quote, take excerpts or paraphrase in part or whole the material contained in this book without obtaining the permission of the author first.

Disclaimer Notice: You must take note that the information in this document is for casual reading and entertainment purposes only.
We have made every attempt to provide accurate, up to date and reliable information. We do not express or imply guarantees of any kind. The persons who read admit that the writer is not occupied in giving legal, financial, medical or other advice. We put this book content by sourcing various places.

Please consult a licensed professional before you try any techniques shown in this book. By going through this document, the book lover comes to an agreement that under no situation is the author accountable for any forfeiture, direct or indirect, which they may incur because of the use of material contained in this document, including, but not limited to, — errors, omissions, or inaccuracies.

www.ingramcontent.com/pod-product-compliance
Lightning Source LLC
LaVergne TN
LVHW060211080526
838202LV00052B/4247